Superpoderes para emprendedores: estrategias para superar el primer año y despegar

Copyright © 2024 Reginaldo Osnildo
Reservados todos los derechos.

PRESENTACIÓN

LA BASE DEL ÉXITO EMPRESARIAL

CONOCIENDO TU MERCADO

PLANIFICACIÓN ESTRATÉGICA EFICIENTE

GESTIÓN FINANCIERA PARA EMPRENDEDORES

MARKETING DE BAJO COSTO Y ALTO IMPACTO

EL ARTE DE LA VENTA Y LA NEGOCIACIÓN

CONSTRUYENDO UNA MARCA FUERTE

DIGITALIZACIÓN Y PRESENCIA ONLINE

RED DE CONTACTO Y ALIANZAS ESTRATÉGICAS

EL PODER DEL COMENTARIO DEL CLIENTE

INNOVACIÓN Y ADAPTACIÓN CONSTANTE

GESTIÓN DEL TIEMPO Y PRODUCTIVIDAD

CONTRATACIÓN Y GESTIÓN DE EQUIPOS

SUPERAR DESAFÍOS Y OBSTÁCULOS

SOSTENIBILIDAD Y RESPONSABILIDAD SOCIAL

MANTENER LA SALUD MENTAL Y EL BIENESTAR

TECNOLOGÍA Y HERRAMIENTAS PARA EMPRENDEDORES

APRENDIZAJE CONTINUO Y DESARROLLO PERSONAL

EXPANSIÓN Y ESCALABILIDAD DEL NEGOCIO

EVALUACIÓN DEL DESEMPEÑO Y MÉTRICAS DE ÉXITO

REDES EFICACES

PREPARACIÓN PARA EL FUTURO Y LA INNOVACIÓN

RESILIENCIA EMPRESARIAL

EMPODERARSE PARA EL ÉXITO EMPRESARIAL

REGINALDO OSNILDO

PRESENTACIÓN

Bienvenido al mundo del emprendimiento, donde cada decisión cuenta, cada estrategia marca la diferencia y el camino hacia el éxito es tan desafiante como gratificante. Si está dando los primeros pasos en este viaje, sepa que no está solo. " **Superpoderes para emprendedores: estrategias para superar el primer año y despegar** " es su guía definitiva para navegar por los mares turbulentos de iniciar un negocio y emerger no sólo intacto, sino en una posición de fortaleza, listo para crecer y expandirse.

Este libro es más que un simple manual; es una brújula que le guiará a través de las complejidades del emprendimiento moderno. Combinando sabiduría práctica con estrategias innovadoras, este recurso está diseñado para prepararte para los desafíos únicos del primer año y más allá. Con cada capítulo, descubrirá las herramientas, el conocimiento y la inspiración que necesita para convertir su visión en realidad.

A través de las páginas de este libro, aprenderá cómo construir una base sólida para su negocio, comprender y aprovechar el mercado, crear planes estratégicos eficientes y administrar sus finanzas con precisión. Exploremos el poder del marketing de bajo costo, el arte de vender y negociar y la importancia de construir una marca sólida. Juntos, nos sumergiremos en el mundo digital, ampliaremos tu red de contactos, aprenderemos a valorar los comentarios de los clientes y mucho más.

Cada capítulo es un paso adelante en su viaje empresarial, diseñado para ser completo en sí mismo pero también parte integral de un todo mayor. Al final de cada uno, una invitación al siguiente paso, asegurando una transición fluida y una experiencia de aprendizaje continuo.

Este libro refleja mi viaje y las lecciones aprendidas a lo largo del camino, actualizado para el contexto y los desafíos actuales. Con un enfoque directo centrado en ti, el emprendedor, " **Superpoderes para emprendedores: estrategias para superar el primer año y despegar** " es tu compañero indispensable. Aquí, la teoría se encuentra con la práctica, la inspiración se fusiona con la acción y el sueño de dirigir un negocio exitoso se convierte en una meta tangible.

Prepárese para embarcarse en este viaje transformador. Los capítulos que siguen no son sólo lecturas; Son peldaños hacia su éxito. Y el primer paso comienza ahora, con las bases del éxito empresarial. Descubramos juntos lo que se necesita para construir un negocio no sólo diseñado para sobrevivir, sino también para prosperar en un mundo en constante cambio.

Ya sea que sea un soñador, un hacedor o ambos, "**Superpoderes para emprendedores: estrategias para superar el primer año y despegar** " es su manifiesto para el éxito. El viaje que tenemos por delante es emocionante, desafiante y, sobre todo, posible. Empecemos.

Tuyo sinceramente

Reginaldo Osnildo

LA BASE DEL ÉXITO EMPRESARIAL

El viaje de todo emprendedor comienza con un sueño, una idea que aspira a convertirse en algo grande. Pero, para que este sueño no se desvanezca ante los primeros obstáculos, es imprescindible construir unas bases sólidas. Este capítulo está dedicado a comprender la importancia de establecer una base firme para su negocio, enfocándose en tres pilares fundamentales: misión, visión y valores.

MISIÓN: TU PORQUÉ

Tu misión es el corazón de tu negocio, el propósito que lo impulsa. Es la razón por la que te levantas cada mañana y enfrentas los desafíos cotidianos. Para definir tu misión, pregúntate:

- **¿Por qué existe mi empresa?**

- **¿Qué problema estoy resolviendo?**

- **¿Cómo quiero impactar el mundo que me rodea?**

Recuerde, la misión es más que palabras escritas; guía tus decisiones y estrategias, manteniéndote alineado con lo que realmente importa.

VISIÓN: TU DESTINO

La visión es la imagen a largo plazo de lo que usted quiere que sea su negocio. Ella sirve como un faro, guiando sus pasos y manteniendo motivado a su equipo, especialmente en tiempos difíciles. Su visión debe ser ambiciosa pero alcanzable, e inspirar crecimiento e innovación.

Para definir tu visión, visualiza dónde quieres que esté tu negocio en 5, 10 o 20 años. ¿Cómo afectará a sus clientes, a su comunidad y quizás incluso al mundo?

VALORES: TU BRÚJULA MORAL

Los valores son los principios que guían el comportamiento y las acciones dentro de su empresa. Crean una cultura organizacional e influyen en cómo su equipo interactúa entre sí y con los clientes.

Sus valores deben reflejar lo que es más importante para usted y su negocio, ya sea integridad, innovación, excelencia o compasión.

Identifique de tres a cinco valores fundamentales que definirán la forma en que opera su empresa. Serán cruciales para construir una marca auténtica y generar confianza entre las partes interesadas.

CONSTRUYENDO TU CIMIENTO

Con su misión, visión y valores definidos, tiene la base sobre la cual construir todo lo demás. Ellos guiarán sus estrategias, lo ayudarán a tomar decisiones y atraerán clientes y empleados que compartan sus creencias. Recuerde, una base sólida no se trata sólo de sobrevivir; se trata de crear un legado duradero.

Una vez establecidas las bases, es hora de mirar hacia afuera y comprender el mundo en el que operará su empresa. En el próximo capítulo, nos sumergiremos en el arte de conocer su mercado. Exploremos cómo realizar una investigación de mercado eficaz, identificar demandas no satisfechas, comprender la competencia y descubrir oportunidades para destacar. Prepararse para comprender su mercado es el siguiente paso crucial para convertir su visión en realidad. Juntos, descubriremos cómo su misión, visión y valores se alinean con las necesidades y deseos de sus clientes potenciales, garantizando que su negocio no sólo sobreviva, sino que prospere en el entorno competitivo actual.

Ya sea que esté comenzando desde cero o esté buscando redefinir su negocio actual, una comprensión profunda del mercado es fundamental para su éxito. Así que respire hondo y prepárese para sumergirse en las ricas oportunidades que le esperan. El conocimiento es poder y estás a punto de equiparte con todo lo que necesitas para que tu emprendimiento sea un éxito rotundo.

CONOCIENDO TU MERCADO

Ahora que ha establecido una base sólida para su negocio, es hora de expandir su visión al mundo exterior profundizando en el ecosistema en el que operará su empresa. Este capítulo está dedicado a la importancia de realizar una investigación de mercado eficaz, una herramienta vital que le proporcionará el conocimiento necesario para comprender a sus clientes, evaluar la competencia e identificar oportunidades únicas de crecimiento.

LA IMPORTANCIA DE LA INVESTIGACIÓN DE MERCADO

La investigación de mercado es su faro en el vasto océano del espíritu empresarial. Ayuda a reducir la incertidumbre, minimizar el riesgo e informar sus decisiones estratégicas. Al comprender profundamente quiénes son sus clientes, qué valoran y cómo se comportan, puede desarrollar productos o servicios que satisfagan directamente sus necesidades y deseos.

ENTENDIENDO A SUS CLIENTES

El primer paso para una investigación de mercado eficaz es definir su público objetivo.

- ¿Quiénes son?

- ¿Dónde están?

- ¿Cuáles son tus problemas, necesidades y deseos?

Herramientas como encuestas en línea, entrevistas y grupos focales pueden proporcionar información valiosa.

Una vez que tenga una comprensión clara de su público objetivo, puede segmentarlo en grupos más pequeños con características o necesidades similares. Esto permite un enfoque más personalizado para sus estrategias de marketing y desarrollo de productos.

ANALIZANDO LA COMPETENCIA

Saber quiénes son sus competidores y qué ofrecen es fundamental. Un análisis competitivo detallado puede revelar brechas en el mercado que usted puede explotar. Busque debilidades en sus productos o servicios y considere cómo puede diferenciar su oferta para llenar esos vacíos.

Además, comprender las estrategias de sus competidores puede inspirar nuevos enfoques para su propio negocio. Sin embargo, recuerde centrarse en crear valor único para sus clientes, en lugar de simplemente copiar lo que otros hacen.

IDENTIFICAR OPORTUNIDADES DE MERCADO

Con un conocimiento sólido de sus clientes y competidores, estará bien posicionado para identificar oportunidades de mercado. Busque tendencias emergentes que se alineen con su misión, visión y valores. Esto podría incluir nuevas tecnologías, cambios en las regulaciones o cambios en los patrones de consumo.

PONER EN PRÁCTICA LA INVESTIGACIÓN

Equipado con una investigación de mercado integral, está listo para tomar decisiones informadas sobre el desarrollo de productos, precios, distribución y estrategias de marketing. Recuerde que la investigación de mercado no es un ejercicio de una sola vez; Debe ser una parte continua de su proceso de planificación estratégica para adaptarse a las condiciones cambiantes del mercado.

Conocer su mercado es sólo el comienzo. En el próximo capítulo profundizaremos en la planificación estratégica eficiente. Aprenderá cómo convertir los conocimientos de la investigación de mercado en un plan de acción sólido que guiará a su empresa durante sus primeros años y más allá. Exploremos cómo establecer objetivos claros, trazar sus estrategias y crear un plan de negocios que no solo respalde sus ambiciones de crecimiento sino que también lo prepare para los desafíos y oportunidades que se avecinan.

Ya sea que esté perfeccionando su oferta actual o preparándose para lanzar un nuevo producto o servicio, una planificación estratégica sólida es crucial para el éxito. Únase a nosotros en el siguiente capítulo, donde convertimos la investigación en un plan y la visión en realidad, garantizando que su negocio no solo esté listo para despegar, sino también equipado para volar.

PLANIFICACIÓN ESTRATÉGICA EFICIENTE

Después de profundizar en su conocimiento del mercado, es crucial convertir estos conocimientos en acciones. Este capítulo está dedicado a guiarlo a través del proceso de creación de un plan de negocios sólido, que no solo servirá como hoja de ruta para los primeros años de su empresa, sino también como herramienta para atraer inversionistas, socios y talento. Una planificación estratégica eficiente es lo que diferencia a las empresas que prosperan de las que simplemente sobreviven.

LA IMPORTANCIA DE UN PLAN DE NEGOCIOS SÓLIDO

Un plan de negocios bien diseñado es fundamental para cualquier emprendedor. Detalla su visión, misión, estrategia de mercado, análisis financiero y planes operativos, actuando como una brújula que guía todas sus decisiones comerciales. Además, es una herramienta de comunicación vital para convencer a las partes interesadas externas del valor de su empresa.

DEFINIENDO TUS METAS

Antes de profundizar en los detalles de su plan, es fundamental establecer objetivos claros y alcanzables. Estos objetivos deben ser específicos, medibles, alcanzables, relevantes y oportunos (SMART). Al establecer estos parámetros, crea un marco de referencia que no solo dirige sus estrategias sino que también le permite evaluar el progreso a lo largo del tiempo.

MAPEO DE SU ESTRATEGIA

Con tus objetivos en la mano, el siguiente paso es desarrollar estrategias para alcanzarlos. Esto incluye identificar su mercado objetivo, posicionar de manera única su producto o servicio y definir sus tácticas de ventas, marketing y operaciones. Cada estrategia debe estar diseñada para responder a las necesidades y deseos de tu público objetivo, diferenciándote de la competencia.

PROYECCIONES FINANCIERAS

Un componente crítico de su plan de negocios son las

proyecciones financieras. Proporcionan información sobre el posible retorno de la inversión, incluidos los ingresos esperados, los costos y el análisis del punto de equilibrio. Estas proyecciones le ayudan a establecer objetivos financieros realistas e identificar necesidades de financiación.

PLANES OPERACIONALES

Los planes operativos detallan cómo funcionará su empresa en el día a día. Esto incluye procesos de logística, cadena de suministro, producción y distribución. Tener un plan operativo claro es crucial para garantizar la eficiencia y la capacidad de escalar sus operaciones a medida que crece su negocio.

EVALUACIÓN Y AJUSTE

El mundo empresarial siempre está cambiando y su plan de negocios debe ser lo suficientemente flexible para adaptarse. Establezca hitos periódicos para revisar y ajustar su plan según sea necesario. Esto no sólo ayuda a mantener su negocio alineado con los objetivos iniciales, sino que también le permite responder de manera proactiva a las oportunidades y desafíos.

Con un plan de negocios sólido en mano, estará listo para abordar el aspecto financiero del emprendimiento. En el próximo capítulo, cubriremos la gestión financiera para emprendedores. Aprenderá estrategias para administrar las finanzas de su empresa de manera eficaz, incluidos los presupuestos, el flujo de caja y las inversiones iniciales. Estas habilidades son vitales para garantizar la salud financiera y la sostenibilidad a largo plazo de su negocio.

La planificación estratégica no termina con la creación de un documento; Es un proceso continuo de aprendizaje, adaptación y crecimiento. A medida que avanzamos hacia el siguiente capítulo, manténgase enfocado, decidido y abierto a nuevas posibilidades. El viaje hacia el éxito empresarial tiene que ver tanto con el destino como con el viaje. Sigamos navegando juntos.

GESTIÓN FINANCIERA PARA EMPRENDEDORES

Entramos ahora en un territorio vital para la supervivencia y prosperidad de cualquier negocio: la gestión financiera. En este capítulo, exploraremos las estrategias esenciales para mantener saludables las finanzas de su empresa, desde establecer un presupuesto hasta administrar eficazmente el flujo de efectivo y tomar decisiones de inversión iniciales. Comprender y aplicar prácticas sólidas de gestión financiera no sólo protege su empresa contra la adversidad sino que también allana el camino para un crecimiento sostenible.

ENTENDIENDO LA GESTIÓN FINANCIERA

La gestión financiera implica planificar, organizar, dirigir y controlar las actividades financieras de la empresa. Es la base que respalda todas las demás áreas del negocio, desde operaciones hasta marketing y ventas. Una gestión financiera eficaz garantiza que tenga recursos disponibles para las necesidades actuales mientras planifica para el futuro.

ESTABLECER UN PRESUPUESTO

Un presupuesto bien planificado es la primera herramienta de su arsenal de gestión financiera. Proporciona una previsión de tus ingresos y gastos, permitiéndote hacer planes basados en estimaciones realistas. Un presupuesto le ayuda a evitar gastos excesivos y garantizar que los recursos estén disponibles para las áreas que más los necesitan. Comience enumerando todas sus fuentes de ingresos, seguido de una estimación detallada de los gastos fijos y variables. Esto le dará una idea clara de su situación financiera y le ayudará a identificar áreas de reducción de costos o aumento de ingresos.

EL FLUJO DE EFECTIVO ES EL REY

La gestión eficaz del flujo de caja es crucial. Implica monitorear la entrada y salida de efectivo para garantizar que tenga suficiente capital de trabajo para cubrir las operaciones diarias. Un flujo de caja positivo significa que su empresa está en una posición saludable para cumplir con sus obligaciones financieras. Utilice una hoja de cálculo de flujo de efectivo para predecir y monitorear los movimientos financieros, permitiendo ajustes proactivos para mantener la salud financiera del negocio.

INVERSIONES INICIALES Y FINANCIACIÓN

Determinar cuánto dinero se necesita para iniciar y mantener su negocio en funcionamiento es una tarea fundamental. Esto incluye capital para los costos iniciales, como equipos, inventario y gastos de marketing, así como una reserva para cubrir las operaciones hasta que el negocio sea rentable. Explore diversas fuentes de financiación, incluidos préstamos, inversores ángeles, financiación colectiva o capital de riesgo. Recuerde evaluar cuidadosamente los términos y condiciones de cualquier financiamiento para asegurarse de que se alineen con sus objetivos a largo plazo.

MANTENER EL CONTROL

Implemente sistemas para monitorear y controlar sus finanzas. Esto puede incluir software de contabilidad, políticas crediticias, auditorías periódicas y revisiones financieras. Tener control sobre tus finanzas te permite identificar tendencias, optimizar recursos y tomar decisiones informadas.

Una vez establecidas las bases de la gestión financiera, estás listo para sumergirte en el mundo del marketing. En el próximo capítulo, exploraremos tácticas de marketing de bajo costo y alto impacto. Aprenderá cómo maximizar la visibilidad y el alcance de su negocio con un presupuesto limitado, utilizando estrategias creativas y efectivas. Este conocimiento será crucial para atraer clientes, construir su marca y acelerar el crecimiento.

La gestión financiera es el pulso de su empresa y proporciona los medios para operar, innovar y expandirse. A medida que avanzamos hacia la siguiente etapa de su viaje empresarial, mantenga prácticas financieras sólidas en el centro de su negocio.

Después de todo, una empresa financieramente sana es aquella que tiene la libertad y la capacidad de alcanzar su máximo potencial. Avancemos juntos, con la mirada puesta en el brillante futuro que estáis construyendo.

MARKETING DE BAJO COSTO Y ALTO IMPACTO

Después de establecer una base sólida para la gestión financiera de su empresa, el siguiente paso crucial es llamar la atención sobre su negocio. En este capítulo, exploraremos estrategias de marketing efectivas que no agotarán sus recursos financieros pero que tienen el potencial de tener un impacto significativo en el mercado. El marketing de bajo costo es especialmente vital para las nuevas empresas y las pequeñas empresas que operan con presupuestos limitados pero aspiran a llegar a una audiencia amplia y crear una conexión duradera con sus clientes.

ENTIENDA A SU PÚBLICO OBJETIVO

Antes de iniciar cualquier campaña de marketing, es fundamental tener un conocimiento profundo de su público objetivo.

- **¿Cuáles son tus necesidades, deseos y comportamientos?**

- **¿Dónde pasan su tiempo en línea y fuera de línea?**

Una comprensión clara de su audiencia le permitirá orientar sus estrategias de marketing de manera más efectiva, aumentando su retorno de la inversión (ROI).

MARKETING DE CONTENIDOS

Una de las formas más efectivas de marketing de bajo costo es el marketing de contenidos. Esto implica crear y compartir contenido valioso y relevante para atraer e involucrar a su público objetivo. Blogs, videos, infografías y podcasts son solo algunas de las formas en que puede brindar valor a sus clientes potenciales, estableciendo su marca como una autoridad en su nicho. El marketing de contenidos no sólo ayuda a generar confianza y relaciones, sino que también mejora su visibilidad en línea a través de la optimización de motores de búsqueda (SEO).

MEDIOS DE COMUNICACIÓN SOCIAL

Las redes sociales son una herramienta poderosa para el marketing de bajo costo. Plataformas como Facebook, Instagram, Twitter y LinkedIn ofrecen la oportunidad de conectar con tu audiencia de forma directa y personal. La clave del éxito en las redes sociales es la coherencia y la autenticidad. Comparta historias que resuenen con sus seguidores, interactúe con ellos a través de comentarios y mensajes, y utilice anuncios pagados estratégicamente para ampliar su alcance.

ASOCIACIONES Y COLABORACIONES

Formar asociaciones con otras empresas o personas influyentes que comparten una audiencia similar puede ser una forma eficaz de aumentar su visibilidad. Los intercambios de servicios, el contenido colaborativo o las campañas conjuntas en las redes sociales son formas de beneficiar a ambas partes involucradas. Estas asociaciones pueden ayudar a llegar a nuevas audiencias sin el costo significativo que normalmente se asocia con la adquisición de clientes.

CORREO DE PROPAGANDA

El marketing por correo electrónico sigue siendo una de las herramientas de marketing más eficientes y de menor costo disponibles. Al crear una lista de correo electrónico de clientes potenciales y existentes, tiene un canal directo para comunicar actualizaciones, ofertas especiales y contenido valioso. La clave para un marketing por correo electrónico exitoso es la personalización y la relevancia; asegúrese de que sus mensajes satisfagan las necesidades e intereses específicos de su audiencia.

EVALUAR Y AJUSTAR

Como ocurre con todas las estrategias comerciales, la clave para un marketing exitoso es monitorear, evaluar y ajustar sus campañas en función del rendimiento. Utilice herramientas de análisis para realizar un seguimiento de la participación, las conversiones y el ROI, y no tema probar nuevos enfoques para ver qué funciona mejor para su marca.

Equipado con estrategias de marketing de bajo costo y alto impacto, está listo para profundizar en el arte de vender y negociar en el siguiente capítulo. La capacidad de vender no sólo es esencial para el crecimiento empresarial, sino también para establecer relaciones duraderas con sus clientes. Exploremos técnicas prácticas que fortalecerán sus habilidades de venta y negociación, asegurándole no solo cumplir sino superar las expectativas de sus clientes.

El marketing eficaz consiste en contar una historia que resuene, construir conexiones genuinas y ofrecer un valor incomparable. Con las estrategias adecuadas, puedes maximizar el impacto de tus campañas de marketing, independientemente del tamaño de tu presupuesto. Avancemos con confianza, listos para vender nuestra visión al mundo.

EL ARTE DE LA VENTA Y LA NEGOCIACIÓN

Dominar el arte de las ventas y la negociación es crucial para el éxito de cualquier emprendedor. Este capítulo está dedicado a perfeccionar estas habilidades esenciales ofreciéndole estrategias prácticas para aumentar su eficacia en las ventas y las negociaciones. Independientemente del sector o tamaño de su negocio, la capacidad de vender su visión y negociar de manera eficiente puede ser la diferencia que coloque a su empresa por delante de la competencia.

ENTIENDA SU VALOR

El primer paso para vender eficazmente es comprender y comunicar el valor único que ofrece su producto o servicio. Antes de acercarte a un cliente o entablar una negociación, ten claro qué problemas resuelves, cómo mejoras la vida de tus clientes y qué diferencia tu oferta de otras disponibles en el mercado. Esta comprensión del valor es la base de todas sus interacciones de ventas y negociación.

CONSTRUIR RELACIONES, NO SÓLO TRANSACCIONES

Las ventas y negociaciones exitosas se basan en relaciones sólidas y confianza. Concéntrese en comprender las necesidades y deseos de sus clientes, ofreciendo soluciones que se alineen con sus intereses. Un enfoque consultivo, en el que se actúa más como un asesor que como un vendedor tradicional, puede ayudar a establecer una conexión más profunda y fomentar la lealtad del cliente.

COMUNICACIÓN EFECTIVA

La capacidad de comunicarse de forma clara y persuasiva es vital. Esto incluye escuchar atentamente, hacer preguntas relevantes y expresar sus ideas de manera concisa. En las negociaciones, comprender y utilizar técnicas de comunicación no verbal, como el contacto visual y el lenguaje corporal, también puede reforzar su mensaje y ayudar a establecer una buena relación.

ESTRATEGIAS DE NEGOCIACIÓN

A la hora de negociar es importante entrar con una mentalidad de ganar-ganar, buscando soluciones que beneficien a ambas partes. Esté preparado, conozca sus límites y esté dispuesto a hacer concesiones razonables sin comprometer el valor central de lo que ofrece. Tácticas como el anclaje, en el que se establece un punto de referencia inicial alto, pueden ser útiles, pero siempre deben usarse con el objetivo de llegar a un acuerdo justo.

SUPERAR LAS OBJECIONES

Las objeciones son una parte natural del proceso de venta y negociación. En lugar de verlos como obstáculos, considérelos como oportunidades para profundizar su comprensión de las necesidades del cliente y ajustar su propuesta en consecuencia. Esté preparado para responder a objeciones comunes con información precisa y beneficios claros de su producto o servicio.

CIERRE

Completar eficazmente una venta o negociación requiere claridad, confianza y, a veces, creatividad. Conozca las diferentes técnicas de cierre y prepárese para utilizar la más adecuada según la situación y el cliente. Recuerde, el cierre es sólo el comienzo de una relación comercial que desea fomentar y hacer crecer.

Ahora que está equipado con estrategias fundamentales de venta y negociación, el próximo capítulo lo guiará a través del proceso de construcción de una marca sólida. Una marca bien construida no sólo facilita el proceso de ventas, sino que también crea una identidad memorable que puede elevar su negocio por encima de la competencia. Exploremos cómo desarrollar y promover su marca de una manera que resuene con su público objetivo y sostenga el crecimiento a largo plazo de su negocio.

La venta y la negociación son artes que, cuando se practican con habilidad e integridad, pueden conducir al establecimiento de relaciones comerciales fructíferas y duraderas. Al aplicar las estrategias de este capítulo, estará bien posicionado para convertir a los clientes potenciales en socios valiosos y a los clientes en defensores leales de su marca. Avancemos ahora con confianza, listos para el siguiente paso en nuestro viaje empresarial.

CONSTRUYENDO UNA MARCA FUERTE

Construir una marca sólida es esencial para destacar en un mercado competitivo. Una marca bien desarrollada no sólo facilita el proceso de ventas y negociación, como se describió anteriormente, sino que también crea una identidad memorable que puede elevar su negocio. En este capítulo, exploraremos estrategias efectivas para desarrollar y promover su marca, asegurándonos de que resuene con su público objetivo y sostenga el crecimiento a largo plazo de su negocio.

DEFINIENDO TU IDENTIDAD DE MARCA

La identidad de su marca es la suma total de cómo se ve, se siente y se comunica su marca con el mundo. Esto incluye su nombre, logotipo, combinación de colores y cualquier otro elemento visual, así como el tono de voz utilizado en su comunicación. Estos elementos deben ser coherentes en todos los puntos de contacto con el cliente, desde su sitio web hasta su embalaje y materiales de marketing, para crear una experiencia de marca coherente.

COMUNICA TUS VALORES

Su marca debe reflejar los valores y la misión de su negocio. Los clientes de hoy buscan algo más que productos o servicios; quieren conectarse con marcas que comparten sus valores y aspiraciones. Comunicar eficazmente estos valores en el mensaje de su marca puede ayudar a establecer una conexión emocional con su audiencia, aumentando la lealtad y la promoción de la marca.

DIFERENCIARTE DE LA COMPETENCIA

Una marca fuerte se destaca de la competencia. Pregúntese: ¿Qué hace que mi negocio sea único? Ya sea una propuesta de valor única, un producto innovador o un compromiso excepcional con el servicio al cliente, asegúrese de que su marca comunique claramente lo que la distingue. Utilice historias de marca para resaltar estos diferenciadores de una manera atractiva y memorable.

CONSTRUIR PRESENCIA EN LÍNEA

Una fuerte presencia en línea es crucial para la construcción de marca. Esto incluye un sitio web profesional que refleje la identidad de su marca, así como perfiles activos en las redes sociales donde su público objetivo pasa tiempo. El contenido compartido en línea debe ser valioso y relevante para su audiencia, ayudando a establecer su marca como una autoridad en su nicho. Las estrategias de SEO también son clave para garantizar que su marca se encuentre fácilmente en línea.

INTERACTÚA CON TU PÚBLICO

La participación de la audiencia ayuda a construir relaciones sólidas y fomentar la lealtad a la marca. Esto se puede hacer a través del marketing de contenidos, interacciones en las redes sociales, programas de fidelización y un excelente servicio al cliente. Escuchar a tu audiencia y responder a sus comentarios, preguntas e inquietudes demuestra que valoras su opinión y estás comprometido con su satisfacción.

MONITOREO Y ADAPTA TU ESTRATEGIA DE MARCA

La construcción de marca no es un proceso estático. Es importante controlar cómo se percibe tu marca en el mercado y adaptar tu estrategia según sea necesario. Las herramientas de análisis y comentarios de los clientes pueden proporcionar información valiosa sobre el desempeño de su marca y las áreas de mejora.

Con una marca fuerte como aliada, el siguiente paso es ampliar tu presencia en el mundo digital. En el siguiente capítulo, exploraremos la digitalización y la presencia en línea, donde aprenderá cómo establecer una presencia en línea efectiva, incluidos sitios web, comercio electrónico y estrategias de redes sociales. Una presencia digital sólida es esencial para llegar a clientes potenciales, construir relaciones duraderas e impulsar el crecimiento de su negocio.

Construir una marca sólida es un viaje continuo que requiere coherencia, creatividad y compromiso. Si sigue las estrategias descritas en este capítulo, estará bien posicionado para desarrollar una marca que no solo cuente la historia de su negocio sino que también se conecte significativamente con su audiencia. Sigamos adelante, listos para llevar nuestra marca al mundo digital y más allá.

DIGITALIZACIÓN Y PRESENCIA ONLINE

En la era digital actual, tener una fuerte presencia en línea no sólo es ventajoso; es esencial. Este capítulo está dedicado a guiarlo a través de los pasos para establecer y optimizar su presencia en línea, asegurando que su marca no solo se encuentre, sino que también se destaque en el vasto espacio digital. Desde la creación de un sitio web impactante hasta la gestión eficaz de las redes sociales, cubriremos las estrategias fundamentales para captar la atención de su público objetivo e impulsar una participación significativa.

DESARROLLO DE UN SITIO WEB ATRACTIVO

Su sitio web suele ser el primer punto de contacto entre su marca y los clientes potenciales, actuando como un representante digital de su negocio las 24 horas, los 7 días de la semana. Por lo tanto, debe ser visualmente atractivo, fácil de navegar y optimizado para las conversiones. Esto significa incluir llamadas a la acción (CTA) claras, información de contacto de fácil acceso y un diseño responsivo que garantice una experiencia de usuario consistente en todos los dispositivos.

SEO: OPTIMIZACIÓN PARA LA VISIBILIDAD

La optimización de motores de búsqueda (SEO) es crucial para aumentar la visibilidad de su sitio web en las búsquedas orgánicas. Esto implica utilizar palabras clave relevantes, mejorar la velocidad de carga de la página y garantizar que los motores de búsqueda puedan indexar fácilmente su sitio. El SEO eficaz no sólo aumenta el tráfico a su sitio web, sino que también le ayuda a atraer visitantes más cualificados que tienen más probabilidades de convertirse en clientes.

ESTRATEGIAS EFICACES DE COMERCIO ELECTRÓNICO

Para las empresas que venden en línea, una estrategia sólida de comercio electrónico es vital. Esto incluye ofrecer una experiencia de compra online segura, intuitiva y sin complicaciones. Elementos como descripciones detalladas de los productos, imágenes de alta calidad, procesos de pago optimizados y opciones de servicio al cliente accesibles pueden mejorar significativamente la experiencia de compra y aumentar las tasas de conversión.

MAXIMIZANDO EL POTENCIAL DE LAS REDES SOCIALES

Las redes sociales son una herramienta poderosa para construir y promocionar su marca en línea. Elija las plataformas que más utiliza su público objetivo y cree contenido que fomente la interacción, como publicaciones, videos e historias. La clave es ser coherente y auténtico, estableciendo una voz de marca reconocible y una presencia social que fomente la participación y la lealtad de los seguidores.

ANÁLISIS Y ADAPTACIÓN

Utilice herramientas analíticas para monitorear el desempeño de su presencia en línea y adaptar sus estrategias en base a datos reales. Esto podría incluir ajustar su enfoque de SEO, perfeccionar el contenido de sus redes sociales u optimizar el recorrido del usuario en su sitio web. El análisis continuo es esencial para comprender qué funciona, qué no y dónde hay oportunidades de mejora.

Con una sólida presencia online establecida, el siguiente paso es fortalecer y ampliar su red de contactos. En el próximo capítulo, discutiremos la importancia de construir una red sólida de contactos y cómo formar asociaciones estratégicas que puedan impulsar el crecimiento de su negocio. La creación de redes efectivas no sólo abre puertas a nuevas oportunidades, sino que también brinda valioso apoyo e información a medida que recorre el camino hacia el emprendimiento.

Establecer una presencia online eficaz es un viaje continuo que requiere dedicación, creatividad y flexibilidad. Al implementar las estrategias cubiertas en este capítulo, estará bien posicionado para captar la atención de su público objetivo, construir relaciones duraderas y posicionar su marca para el éxito a largo plazo en el entorno digital. Avancemos, listos para conectarnos, colaborar y crecer en nuestro viaje empresarial.

RED DE CONTACTO Y ALIANZAS ESTRATÉGICAS

Con una sólida presencia en línea ahora establecida, es hora de centrar nuestra atención en el poder de las conexiones humanas. Este capítulo está dedicado al arte de construir una red eficaz y desarrollar asociaciones estratégicas que puedan impulsar el crecimiento de su negocio. Navegar por el ecosistema emprendedor requiere algo más que una idea sólida y una presencia digital; también se trata de a quién conoces, cómo te conectas y colaboras para lograr objetivos comunes.

LA IMPORTANCIA DE UNA RED DE CONTACTO SÓLIDA

Una red sólida le brinda acceso a nuevas oportunidades, recursos, conocimientos y apoyo. Puede abrir puertas a asociaciones estratégicas, nuevos mercados, talento e inversiones. Empiece por asistir a eventos, conferencias y seminarios web de la industria, tanto de forma virtual como en persona. Las redes sociales también ofrecen una forma poderosa de conectarse con pares de la industria, líderes de opinión y clientes potenciales.

REDES EFICACES

La creación de redes eficaces se basa en la creación de relaciones mutuamente beneficiosas, no sólo en la recopilación de contactos. Muestre un interés genuino en las personas que conozca escuchando activamente y compartiendo conocimientos y experiencias. Recuerde que el networking es una vía de doble sentido; Piensa en cómo puedes ayudar a los demás, tal como ellos pueden ayudarte a ti.

DESARROLLO DE ASOCIACIONES ESTRATÉGICAS

Las asociaciones estratégicas pueden variar desde acuerdos formales con otras empresas hasta colaboraciones menos formales con personas influyentes u organizaciones de la industria. El objetivo es encontrar socios cuyos objetivos, público objetivo y valores estén alineados con los de su negocio. Estas asociaciones pueden dar lugar a proyectos conjuntos, campañas de marketing compartidas o incluso desarrollos de nuevos productos.

CONSEJOS PARA ASOCIACIONES EXITOSAS

- **Identificar socios potenciales:** busque empresas o personas que complementen su oferta de productos/servicios y que podrían beneficiarse de la colaboración.

- **Establezca objetivos claros:** asegúrese de que ambas partes tengan objetivos claros y compartidos para la asociación.

- **Comunicarse de manera efectiva:** mantener líneas de comunicación abiertas y claras, asegurando que todas las expectativas sean comprendidas y acordadas.

- **Monitorear y evaluar:** Establecer métricas para evaluar el éxito de la alianza, ajustando la estrategia según sea necesario.

Armado con una red sólida y asociaciones estratégicas, el siguiente paso es centrarse en la importancia de los comentarios de los clientes. En el siguiente capítulo, exploraremos cómo recopilar, analizar y actuar en función de los comentarios de los clientes para mejorar continuamente sus productos, servicios y experiencias generales de los clientes. La retroalimentación es una herramienta invaluable para el crecimiento y la innovación, que le permite perfeccionar su oferta y fortalecer aún más su marca.

Crear y mantener una red eficaz de contactos y desarrollar asociaciones estratégicas son procesos continuos que pueden acelerar significativamente el crecimiento de su negocio. Al aplicar las estrategias cubiertas en este capítulo, se está posicionando no solo para expandir su alcance, sino también para crear un ecosistema de apoyo que puede llevar su negocio a nuevas alturas. Sigamos adelante, dispuestos a valorar y actuar en función de los comentarios de nuestros clientes, la verdadera voz detrás de nuestro éxito.

EL PODER DEL COMENTARIO DEL CLIENTE

A medida que avanzamos en el viaje empresarial, uno de los activos más valiosos que puede recopilar son los comentarios de los clientes. Este capítulo se centra en cómo recopilar, analizar e implementar eficazmente los comentarios de los clientes para mejorar continuamente sus productos, servicios y la experiencia general del cliente. Escuchar y actuar en función de los comentarios de los clientes no sólo demuestra que usted valora sus opiniones, sino que también es esencial para la innovación y el crecimiento sostenible de su negocio.

RECOPILACIÓN DE COMENTARIOS DE LOS CLIENTES

Existen varias formas efectivas de recopilar comentarios de los clientes, incluidas encuestas en línea, foros de comentarios en su sitio web, grupos focales y monitoreo de redes sociales. Es importante ofrecer múltiples plataformas para recibir comentarios, lo que garantiza capturar la voz de una amplia gama de clientes. Además, fomente la retroalimentación haciendo que el proceso sea lo más fácil y accesible posible y considerando recompensas para quienes se tomen el tiempo de brindar sus opiniones.

ANALIZAR EL COMENTARIO RECIBIDO

Una vez recopilados, el siguiente paso es analizar la retroalimentación sistemáticamente para identificar patrones, problemas recurrentes y oportunidades de mejora. Las herramientas de análisis de datos y el software de gestión de comentarios pueden ayudar a categorizar y priorizar los comentarios, lo que facilita la identificación de áreas que requieren atención inmediata.

ACTUAR BASADO EN LA RETROALIMENTACIÓN

La implementación de los comentarios de los clientes es donde muchas empresas enfrentan desafíos. Priorice los cambios en función de su viabilidad, impacto potencial y alineación con los objetivos comerciales a largo plazo. Además, es fundamental comunicar a los clientes lo que se hizo en respuesta a sus comentarios. Esto no sólo cierra el ciclo de retroalimentación, sino que también genera confianza y lealtad al demostrar que se toma en serio sus opiniones.

CREANDO UNA CULTURA DE RETROALIMENTACIÓN CONTINUA

Integrar los comentarios de los clientes en la toma de decisiones y el desarrollo de productos es esencial para crear una cultura de mejora continua. Anime a su equipo a ver los comentarios como una oportunidad para aprender y crecer, no como una crítica. Revise y reevalúe periódicamente cómo recopila y utiliza los comentarios para garantizar que el proceso siga siendo efectivo y alineado con sus necesidades comerciales.

Con un sistema sólido para recopilar e implementar los comentarios de los clientes, el siguiente paso es centrarse en la innovación y la adaptación constantes. En el próximo capítulo, cubriremos estrategias para mantener su negocio innovador y adaptable a los cambios del mercado. En un mundo empresarial que siempre está evolucionando, la capacidad de innovar y adaptarse no es sólo una ventaja competitiva, sino una necesidad para la supervivencia y el crecimiento a largo plazo.

Al priorizar los comentarios de los clientes, no solo optimiza su oferta para satisfacer mejor las necesidades actuales del mercado, sino que también construye una base sólida para el éxito futuro. Avancemos, preparados para adoptar la innovación y la adaptabilidad como los principales impulsores de nuestro crecimiento continuo.

INNOVACIÓN Y ADAPTACIÓN CONSTANTE

En un mundo empresarial en rápida evolución, la capacidad de innovar y adaptarse a los cambios del mercado es más que una ventaja competitiva; es una necesidad para la supervivencia y el crecimiento a largo plazo. Este capítulo explora estrategias para mantener su empresa a la vanguardia de la innovación, garantizando que siga siendo relevante, resiliente y capaz de aprovechar nuevas oportunidades a medida que surjan.

CULTIVAR UNA MENTALIDAD DE INNOVACIÓN

La innovación comienza con la mentalidad adecuada. Fomente una cultura que valore la curiosidad, la experimentación y el aprendizaje continuo dentro de su equipo. Fomentar un entorno en el que se respalde la toma de riesgos calculada y en el que los fracasos se consideren oportunidades de crecimiento y aprendizaje. La mentalidad de innovación permite a su equipo pensar de forma innovadora y explorar nuevas ideas sin miedo.

MANTENERSE ÁGIL Y ADAPTABLE

La adaptabilidad es clave en un entorno empresarial en constante cambio. Esto significa poder responder rápidamente a las tendencias del mercado, las necesidades de los clientes y las nuevas tecnologías. Desarrolle procesos flexibles y esté abierto a cambiar su estrategia cuando sea necesario. La agilidad empresarial le permite capitalizar las oportunidades emergentes y minimizar los riesgos de manera oportuna.

FOMENTAR LA INNOVACIÓN A TRAVÉS DE LA COLABORACIÓN

La innovación a menudo proviene de la colaboración, ya sea dentro de su equipo, con clientes o mediante asociaciones estratégicas. Cree espacios para intercambiar ideas y colaborar con socios fuera de su industria para obtener nuevas perspectivas. Las asociaciones estratégicas, en particular, pueden ofrecer recursos, conocimientos y redes compartidos que impulsen la innovación y abran nuevas vías de crecimiento.

INTEGRANDO TECNOLOGÍA

La tecnología juega un papel crucial en la innovación y la adaptación. Manténgase atento a las últimas tendencias tecnológicas que podrían beneficiar a su negocio, ya sea a través de la automatización de procesos, mejorando la experiencia del cliente o explorando nuevos canales de mercado. La integración de tecnologías emergentes no sólo puede optimizar sus operaciones sino también crear productos o servicios innovadores que distingan su marca.

MEDIR EL ÉXITO E ITERAR

Establece métricas claras para evaluar el éxito de tus iniciativas de innovación. Utilice datos y comentarios de los clientes para iterar y perfeccionar sus estrategias. El proceso de innovación es continuo; Lo que funciona hoy puede no funcionar mañana, por lo que es vital mantener un enfoque iterativo, buscando siempre mejorar y adaptarse.

Con un sólido enfoque de innovación y adaptación establecido, la atención se centra en la gestión del tiempo y la productividad. En el próximo capítulo, exploraremos técnicas para maximizar la productividad y administrar el tiempo de manera eficiente. Esto no solo ayuda a garantizar que usted y su equipo puedan seguir siendo innovadores y adaptables, sino que también respalda el bienestar general y la satisfacción laboral.

La innovación y la adaptación constantes son fundamentales para el éxito empresarial en el siglo XXI. Al implementar las estrategias analizadas en este capítulo, posicionará su negocio no sólo para sobrevivir a los cambios del mercado, sino también para prosperar en ellos. Sigamos adelante, preparados para adoptar las técnicas que impulsarán nuestra eficiencia y productividad a nuevas alturas.

GESTIÓN DEL TIEMPO Y PRODUCTIVIDAD

La gestión eficaz del tiempo y el aumento de la productividad son esenciales para mantener la innovación y la adaptabilidad, lo que le permitirá a usted y a su equipo maximizar sus esfuerzos y alcanzar sus objetivos comerciales. Este capítulo ofrece estrategias para optimizar la gestión del tiempo y mejorar la productividad, asegurando que las tareas críticas reciban la atención que merecen y que se mantenga el bienestar del equipo.

PRIORIZACIÓN EFICIENTE

El primer paso para una gestión eficaz del tiempo es aprender a priorizar las tareas en función de su urgencia e importancia. Utilice el método de la Matriz de Eisenhower para clasificar las tareas en cuatro cuadrantes: Importante y Urgente, Importante pero No Urgente, No Importante pero Urgente y No Importante y No Urgente. Esto le ayuda a centrarse en las actividades que realmente impulsan sus objetivos comerciales y, al mismo tiempo, evita posponer las tareas menos críticas.

TÉCNICAS DE PRODUCTIVIDAD

Existen varias técnicas para aumentar la productividad, incluido el método Pomodoro, que consiste en trabajar intensamente durante períodos cortos seguidos de breves descansos. Otra técnica es la regla de los dos minutos, que fomenta la finalización inmediata de tareas que se pueden completar en dos minutos o menos, eliminando rápidamente distracciones menores.

HERRAMIENTAS DE GESTIÓN DEL TIEMPO

La tecnología ofrece una variedad de herramientas y aplicaciones diseñadas para ayudar con la gestión del tiempo y la productividad. Las herramientas de gestión de proyectos como Trello , Asana y Monday.com pueden ayudar a organizar tareas, establecer plazos y realizar un seguimiento del progreso del equipo. Además, aplicaciones como RescueTime pueden monitorear cómo pasa su tiempo en la computadora, ofreciendo información para mejorar sus hábitos de trabajo.

DELEGACIÓN EFICAZ

La delegación es una habilidad crucial para líderes y emprendedores. Identifique tareas que se puedan delegar a los miembros del equipo, liberando su tiempo para concentrarse en actividades de alto valor. Al delegar, tenga claras las expectativas y ofrezca los recursos necesarios para completar la tarea. Esto no sólo aumenta la eficiencia, sino que también contribuye al desarrollo profesional de su equipo.

MANTENER EL EQUILIBRIO

Mientras se esfuerza por mejorar la gestión del tiempo y la productividad, es fundamental mantener un equilibrio saludable entre el trabajo y la vida personal. Establezca límites claros entre el tiempo de trabajo y el tiempo personal y anime a su equipo a hacer lo mismo. Un equilibrio adecuado promueve el bienestar y previene el agotamiento, manteniendo a todos motivados y productivos a largo plazo.

Ahora que hemos cubierto la importancia de la gestión del tiempo y la productividad, el siguiente paso es centrarse en contratar y gestionar equipos. En el próximo capítulo, exploraremos estrategias para reclutar, capacitar y administrar un equipo que comparta la visión de su empresa. Un equipo bien administrado es la columna vertebral de cualquier negocio exitoso y permite a su empresa alcanzar nuevas alturas de éxito.

La gestión eficaz del tiempo y la productividad son más que simples técnicas y herramientas; son una mentalidad que le permite a usted y a su equipo lograr más mientras mantienen un alto nivel de satisfacción y bienestar. Al implementar las estrategias analizadas en este capítulo, estará un paso más cerca de crear un ambiente de trabajo que no sólo valore la eficiencia, sino también el equilibrio y la satisfacción laboral. Seguimos adelante ahora, listos para construir y administrar un equipo que será la fuerza impulsora detrás de nuestro éxito continuo.

CONTRATACIÓN Y GESTIÓN DE EQUIPOS

La fuerza de cualquier negocio reside en su equipo. Crear, capacitar y administrar un equipo que comparta la visión de su empresa no solo fortalece los cimientos de su negocio, sino que también impulsa la innovación y el crecimiento. Este capítulo cubre estrategias esenciales para reclutar el talento adecuado, desarrollar sus habilidades y mantenerlos comprometidos y motivados.

RECLUTAMIENTO: ENCONTRAR EL TALENTO ADECUADO

El proceso de reclutamiento comienza con la definición clara del perfil del candidato ideal, considerando no sólo las habilidades técnicas necesarias, sino también las características y valores personales que se alinean con la cultura de su empresa. Utilice múltiples canales de contratación, incluidas plataformas de empleo en línea, redes sociales profesionales y programas de referencia internos, para atraer una amplia gama de candidatos.

ENTREVISTAS Y SELECCIÓN

El proceso de entrevista es crucial para evaluar no sólo la competencia del candidato, sino también su compatibilidad con la cultura de la empresa. Utilice preguntas de comportamiento para comprender cómo el candidato ha manejado situaciones pasadas y preguntas situacionales para evaluar cómo manejaría los desafíos futuros. Incluir a miembros del equipo en las entrevistas también puede brindar perspectivas valiosas y facilitar la incorporación de nuevos empleados.

INGRESO Y FORMACIÓN

Una vez contratado, un programa de incorporación eficaz es esencial para integrar al nuevo miembro en el equipo y la cultura de la empresa. Proporcionar una formación integral no sólo sobre responsabilidades laborales específicas, sino también sobre los valores, procesos y expectativas de la empresa, ayuda a garantizar una transición sin problemas y aumenta la productividad a largo plazo.

DESARROLLO Y RETENCIÓN DEL TALENTO

El desarrollo continuo de su equipo es esencial para mantener el compromiso y la motivación. Ofrecer oportunidades de crecimiento profesional, como cursos de capacitación, talleres y proyectos desafiantes. Reconocer y recompensar los logros para promover la satisfacción y lealtad laboral. La retención del talento también depende de un ambiente de trabajo positivo, donde se fomente la retroalimentación y los conflictos se gestionen de manera constructiva.

GESTIÓN DEL RENDIMIENTO

La gestión del desempeño es un proceso continuo que implica establecer expectativas claras, monitorear periódicamente el desempeño y brindar comentarios constructivos. Establezca objetivos específicos, medibles, alcanzables, relevantes y oportunos (SMART) y realice revisiones periódicas de desempeño para discutir el progreso, los desafíos y los planes de acción para mejorar.

Con un equipo bien formado y gestionado eficazmente, el próximo desafío es afrontar y superar los obstáculos que surgen en el camino del crecimiento empresarial. En el próximo capítulo, cubriremos estrategias para superar desafíos y obstáculos, asegurando que su negocio siga siendo resiliente y adaptable frente a la adversidad.

Construir y gestionar un equipo requiere dedicación y un enfoque estratégico para garantizar que todos estén alineados con la misión y los valores de la empresa. Al implementar las estrategias analizadas en este capítulo, estará preparado para formar un equipo que no solo comparta su visión, sino que también esté comprometido con el éxito colectivo del negocio. Sigamos adelante ahora, dispuestos a afrontar juntos los desafíos que nos esperan, con la confianza de que nuestro equipo es nuestra mayor fortaleza.

SUPERAR DESAFÍOS Y OBSTÁCULOS

Toda empresa enfrenta desafíos y obstáculos en su camino. Ya sea que se enfrente a la competencia, enfrente dificultades financieras o supere crisis internas, la capacidad de enfrentar y superar estas dificultades es lo que define una empresa resiliente y exitosa. Este capítulo cubre estrategias para identificar, enfrentar y superar los desafíos que puedan surgir, asegurando que su negocio no solo sobreviva, sino que prospere frente a la adversidad.

IDENTIFICAR DESAFÍOS TEMPRANO

El primer paso para superar los desafíos es identificarlos lo antes posible. Esté atento a los cambios en el mercado, el comportamiento del consumidor y el desempeño interno de su negocio. Las herramientas de análisis y la retroalimentación constante de los clientes y el personal pueden ser valiosas para detectar señales de problemas potenciales antes de que se vuelvan inmanejables.

ANÁLISIS Y PLANIFICACIÓN

Una vez que identifique un desafío, tómese el tiempo para comprender sus raíces y el impacto potencial en su negocio. Esto implica recopilar datos, consultar con su equipo y, si es necesario, buscar asesoramiento externo. Con base en este análisis, desarrolle un plan de acción que aborde el problema directamente, considerando diferentes escenarios y preparándose para posibles repercusiones.

FLEXIBILIDAD Y ADAPTACIÓN

La capacidad de adaptarse rápidamente a circunstancias cambiantes es crucial para superar los desafíos. Esto podría significar cambiar su estrategia, explorar nuevos mercados o ajustar su modelo de negocio. Fomente una cultura de flexibilidad dentro de su equipo, donde se valore la innovación y se acepten nuevas ideas.

APRENDER DE LOS DESAFÍOS

Cada desafío ofrece una oportunidad de aprendizaje. Analice las situaciones que ha enfrentado su empresa para identificar lecciones valiosas sobre lo que funcionó, lo que no funcionó y cómo puede mejorar en el futuro. Este proceso de aprendizaje continuo es esencial para el crecimiento y desarrollo de su negocio.

MANTENER LA RESILIENCIA

La resiliencia es quizás la cualidad más importante para que un emprendedor enfrente los desafíos. Esto implica mantener una actitud positiva, incluso ante la adversidad, y persistir en tus objetivos a largo plazo. Fortalece tu resiliencia cuidando tu bienestar y el de tu equipo, manteniendo una sólida red de apoyo y recordando tu propósito y pasión que impulsó la creación de tu negocio.

Con estrategias para superar los desafíos bien establecidas, el siguiente paso es centrarse en incorporar prácticas sostenibles y socialmente responsables a su negocio. En el siguiente capítulo, exploraremos cómo la sostenibilidad y la responsabilidad social no sólo pueden beneficiar al medio ambiente y a la sociedad, sino también fortalecer su marca y promover el éxito a largo plazo de su negocio.

Superar desafíos y obstáculos es una parte inevitable del espíritu empresarial. Al afrontar estos momentos con preparación, resiliencia y capacidad de aprender y adaptarse, fortaleces tu negocio frente a futuras adversidades. Avancemos ahora, dispuestos a adoptar prácticas que nos garanticen no sólo el éxito, sino también un impacto positivo en el mundo que nos rodea.

SOSTENIBILIDAD Y RESPONSABILIDAD SOCIAL

La integración de prácticas sostenibles y socialmente responsables se reconoce cada vez más no sólo como un imperativo ético, sino también como una estrategia empresarial inteligente. Las empresas que adoptan estos principios demuestran un compromiso con el bienestar del planeta y la sociedad, al tiempo que construyen una marca sólida que resuena positivamente entre los consumidores, los inversores y la comunidad en general. Este capítulo analiza cómo incorporar la sostenibilidad y la responsabilidad social en su negocio de manera que beneficien tanto al mundo como a sus resultados.

ENTENDIENDO LA SOSTENIBILIDAD Y LA RESPONSABILIDAD SOCIAL

La sostenibilidad se refiere a la capacidad de satisfacer las necesidades del presente sin comprometer la capacidad de las generaciones futuras de satisfacer sus propias necesidades. La responsabilidad social corporativa (RSC) implica una conducta ética y consciente de los negocios, considerando su impacto ambiental, social y económico. Ambos conceptos se superponen en la búsqueda de crear un impacto positivo, además de alcanzar los objetivos de negocio.

BENEFICIOS DE LA INCORPORACIÓN DE PRÁCTICAS SOSTENIBLES

- **Diferenciación de marca:** Destacan las empresas sostenibles y socialmente responsables, atrayendo clientes que valoran estos principios.

- **Eficiencia operativa:** La implementación de prácticas sustentables a menudo conduce a la reducción de costos, a través del ahorro de recursos y la optimización de procesos.

- **Atracción y retención de talento:** Muchos profesionales prefieren trabajar para empresas que demuestren preocupación por el impacto social y ambiental.

- **Resiliencia a largo plazo:** Las empresas que consideran su impacto ambiental y social tienden a ser más resilientes y adaptables a los cambios globales.

ESTRATEGIAS PARA IMPLEMENTAR LA SOSTENIBILIDAD Y LA RSE

- **Evalúe su impacto:** comience con una auditoría del impacto ambiental y social actual de su empresa. Esto puede incluir consumo de energía, uso de recursos, impacto en la comunidad local, entre otros.

- **Establezca objetivos claros:** con base en su evaluación, establezca objetivos claros para la reducción del impacto, la mejora de la comunidad y el gobierno corporativo.

- **Involucra a tu equipo:** La sostenibilidad y la RSC deben incorporarse a la cultura de la empresa. Capacite a su equipo sobre la importancia de estas prácticas y cómo pueden contribuir.

- **Comunique sus esfuerzos:** comparta sus iniciativas de sostenibilidad y su progreso con clientes, socios y la comunidad. Esto no sólo refuerza su compromiso, sino que también anima a otros a seguir un camino similar.

Con un compromiso establecido con la sostenibilidad y la responsabilidad social, el siguiente paso es garantizar la salud mental y el bienestar de quienes hacen prosperar su negocio. En el siguiente capítulo abordaremos la importancia de cuidar la salud mental y el bienestar en el lugar de trabajo, ofreciendo estrategias para crear un ambiente de trabajo saludable y productivo.

Incorporar la sostenibilidad y la responsabilidad social a tu negocio no se trata sólo de hacer el bien; Se trata de hacer bien los negocios. A medida que avanzamos, recuerde que las decisiones que tomamos hoy moldean el mundo en el que viviremos mañana. Listos para dar el siguiente paso, ahora avanzamos para centrarnos en el bienestar de nuestro equipo, reconociendo que la verdadera fortaleza de una empresa radica en su gente.

MANTENER LA SALUD MENTAL Y EL BIENESTAR

La salud mental y el bienestar son fundamentales para el éxito sostenible de cualquier negocio. Los empleados sanos y felices tienden a ser más productivos, creativos y comprometidos. Este capítulo se centra en la importancia de promover la salud mental y el bienestar en el lugar de trabajo, ofreciendo estrategias prácticas para crear una cultura que valore y apoye el bienestar de todos los miembros del equipo.

ENTENDIENDO LA IMPORTANCIA DEL BIENESTAR

El bienestar en el trabajo va más allá de evitar el estrés; se trata de crear un ambiente que promueva la satisfacción, el compromiso y la realización personal. Cuando los empleados se sienten apoyados en sus necesidades de salud mental, se desempeñan mejor, muestran una mayor lealtad a la empresa y contribuyen a un ambiente de trabajo positivo.

ESTRATEGIAS PARA PROMOVER LA SALUD Y EL BIENESTAR MENTAL

- **Promover la concientización sobre la salud mental:** Educa a tu equipo sobre la importancia de la salud mental, desmitificando los estigmas y promoviendo una cultura de apertura y apoyo. Los talleres, conferencias y recursos informativos pueden resultar útiles.

- **Ofrecer apoyo y recursos:** poner a disposición recursos como asesoramiento o apoyo psicológico, ya sea internamente o a través de asociaciones con proveedores de servicios de salud mental. Los programas de asistencia a los empleados (EAP) pueden ser una valiosa adición a los beneficios de la empresa.

- **Crear un ambiente de trabajo positivo:** Fomentar un ambiente que valore la comunicación abierta, la colaboración y el reconocimiento. Las prácticas de gestión que fomentan la retroalimentación positiva y la celebración de los logros aumentan la moral y el bienestar.

- **Fomentar la conciliación:** Promover políticas laborales flexibles, como horarios flexibles o la posibilidad de trabajo a distancia, ayudando a los empleados a gestionar mejor sus responsabilidades personales y profesionales.

- **Promover hábitos saludables:** Fomentar prácticas saludables en el lugar de trabajo, como descansos regulares, actividad física y alimentación saludable. Los espacios de descanso, las actividades de bienestar y las iniciativas de salud pueden contribuir significativamente al bienestar general del personal.

SEGUIMIENTO Y ADAPTACIÓN

Es importante controlar periódicamente el bienestar de su equipo mediante encuestas de satisfacción, evaluaciones de salud mental y comentarios directos. Esté abierto a ajustar políticas y prácticas en función de lo que aprenda, manteniendo el bienestar en el centro de la cultura de su empresa.

Con un compromiso establecido con la salud mental y el bienestar en el lugar de trabajo, el siguiente paso es explorar cómo la tecnología y las herramientas modernas pueden facilitar la gestión de su negocio. En el próximo capítulo, analizaremos "tecnología y herramientas para emprendedores", y cubriremos soluciones innovadoras que pueden aumentar la eficiencia, mejorar la comunicación e impulsar el crecimiento de su negocio.

Mantener la salud mental y el bienestar es esencial para desarrollar un equipo resiliente y motivado, capaz de enfrentar desafíos y alcanzar metas con éxito. Al implementar las estrategias analizadas en este capítulo, no solo promueve un ambiente de trabajo saludable, sino que también fortalece las bases de su negocio para el éxito sostenible. Seguimos adelante ahora, listos para adoptar la tecnología como un aliado en nuestro crecimiento continuo.

TECNOLOGÍA Y HERRAMIENTAS PARA EMPRENDEDORES

En la era digital actual, la tecnología desempeña un papel crucial en casi todos los aspectos de la gestión de una empresa. Desde optimizar las operaciones hasta mejorar las comunicaciones e impulsar el marketing, las herramientas tecnológicas adecuadas pueden ofrecer importantes ventajas competitivas. Este capítulo explora soluciones innovadoras que pueden ayudar a los empresarios a aumentar la eficiencia, mejorar la gestión de clientes y facilitar el crecimiento empresarial sostenible.

HERRAMIENTAS DE GESTIÓN DE PROYECTOS

Herramientas como Asana , Trello y Monday.com permiten a los equipos organizar tareas, realizar un seguimiento del progreso y colaborar de manera eficiente, todo en una plataforma unificada. Estas soluciones facilitan la delegación de tareas, establecen plazos claros y ofrecen visibilidad del avance de los proyectos, asegurando que todos estén alineados y centrados en los objetivos.

SOLUCIONES CRM

Los sistemas de gestión de relaciones con el cliente (CRM) como Salesforce, HubSpot y Zoho CRM ayudan a gestionar y analizar las interacciones de los clientes durante todo el ciclo de vida. Al centralizar los datos de los clientes, estas herramientas brindan información valiosa sobre comportamientos y preferencias, lo que le permite personalizar la comunicación y mejorar la experiencia del cliente.

HERRAMIENTAS DE COMUNICACIÓN Y COLABORACIÓN

Plataformas como Slack, Microsoft Teams y Zoom son esenciales para una comunicación interna y externa eficaz. Ofrecen funciones que van desde mensajería instantánea y videollamadas hasta intercambio de archivos, lo que facilita la colaboración en tiempo real independientemente de la ubicación del equipo.

AUTOMATIZACIÓN DE MARKETING

Las herramientas de automatización de marketing como

Mailchimp, Marketo y ActiveCampaign le permiten crear, gestionar y optimizar campañas de marketing. Estas soluciones pueden automatizar correos electrónicos, segmentar audiencias, realizar un seguimiento de las interacciones y proporcionar análisis detallados sobre el rendimiento de las campañas, mejorando el retorno de la inversión en marketing.

SOLUCIONES DE COMERCIO ELECTRÓNICO

Para las empresas que venden en línea, las plataformas de comercio electrónico como Shopify, WooCommerce y Magento ofrecen potentes funciones para crear y administrar tiendas en línea. Hacen que todo, desde la creación de listados de productos hasta el procesamiento de pagos y la gestión de envíos, sea más fácil, brindando una experiencia de compra fluida para los clientes.

ANÁLISIS DE DATOS Y BI

de análisis de datos y Business Intelligence (BI), como Google Analytics, Tableau y Power BI, permiten recopilar, procesar y visualizar grandes volúmenes de datos. Estas herramientas brindan información que puede ayudar a tomar decisiones informadas, identificar tendencias del mercado, evaluar el rendimiento de las campañas y optimizar las estrategias comerciales.

Equipado con las herramientas tecnológicas adecuadas, el siguiente paso es centrarse en el desarrollo continuo de habilidades y conocimientos. En el próximo capítulo, cubriremos "el aprendizaje continuo y el desarrollo personal", destacando la importancia de la educación continua y el crecimiento personal para mantener la competitividad y la relevancia en un mercado en constante evolución.

La adopción de tecnología y herramientas innovadoras es esencial para navegar en el entorno empresarial actual, lo que permite a los empresarios optimizar las operaciones, mejorar la satisfacción del cliente e impulsar el crecimiento. A medida que avanzamos, recuerde que la tecnología es un facilitador, pero el verdadero impulsor del éxito sigue siendo la visión y la dedicación del emprendedor. Avancemos ahora, preparados para explorar cómo el aprendizaje continuo puede prepararnos para los desafíos y oportunidades que se avecinan.

APRENDIZAJE CONTINUO Y DESARROLLO PERSONAL

En un entorno empresarial que cambia rápidamente, la capacidad de aprender y adaptarse es indispensable. El aprendizaje continuo y el desarrollo personal no sólo son fundamentales para mantener la competitividad; también impulsan la innovación, la resiliencia y el crecimiento tanto personal como profesional. Este capítulo destaca la importancia de la educación continua y ofrece estrategias para incorporar el desarrollo personal en la rutina de un emprendedor.

CULTIVAR UNA MENTALIDAD DE CRECIMIENTO

Adoptar una mentalidad de crecimiento significa reconocer que tus habilidades e inteligencia se pueden desarrollar con esfuerzo, tiempo y dedicación. Vea los desafíos como oportunidades para aprender, no como barreras insuperables. Este enfoque promueve la resiliencia y la motivación para perseguir objetivos ambiciosos, además de fomentar la búsqueda constante de conocimiento y mejora.

ESTRATEGIAS PARA EL APRENDIZAJE CONTINUO

- **Establezca objetivos de aprendizaje:** establezca metas de aprendizaje claras que se alineen con sus aspiraciones profesionales y sus objetivos comerciales. Esto puede incluir desarrollar habilidades específicas, obtener certificaciones o profundizar en áreas de conocimiento relevantes.

- **Aprovecha los recursos en línea:** el acceso a recursos educativos nunca ha sido tan amplio. Plataformas como Coursera , edX , Udemy y LinkedIn Learning ofrecen cursos sobre una variedad de temas, muchos de los cuales son impartidos por instituciones de renombre mundial.

- **Participar en redes y comunidades:** Involucrarse con comunidades y redes profesionales puede proporcionar aprendizaje a través del intercambio de experiencias, tutorías y networking. Asistir a eventos, talleres y seminarios de la industria también es una excelente manera de mantenerse actualizado sobre las tendencias y las mejores prácticas.

- **Práctica reflexiva:** Tómate un tiempo para reflexionar sobre tus experiencias, éxitos y fracasos. La reflexión es una parte crucial del proceso de aprendizaje, permitiendo la internalización de las lecciones aprendidas y la aplicación de nuevos conocimientos en situaciones futuras.

- **Fomentar el desarrollo del equipo:** promueva una cultura de aprendizaje dentro de su organización alentando a los miembros del equipo a buscar su propio desarrollo personal y profesional. Esto puede incluir asignar un presupuesto para capacitación, crear planes de desarrollo individualizados u ofrecer tiempo dedicado al aprendizaje.

Con un compromiso establecido con el aprendizaje continuo y el desarrollo personal, el siguiente paso es contemplar la expansión de su negocio. En el próximo capítulo, analizaremos la "expansión y escalabilidad del negocio", explorando estrategias para planificar la expansión de manera sostenible y ampliar sus operaciones para satisfacer la creciente demanda.

El aprendizaje continuo es el combustible para la innovación y el éxito a largo plazo. Al invertir en su propio desarrollo y el de su equipo, no sólo enriquece sus habilidades y conocimientos, sino que también garantiza que su negocio siga siendo dinámico, adaptable y preparado para los desafíos del futuro. Sigamos adelante ahora, listos para explorar las oportunidades de crecimiento y expansión que esperan a nuestra empresa.

EXPANSIÓN Y ESCALABILIDAD DEL NEGOCIO

Expandir un negocio es un hito importante en el viaje de cualquier emprendedor. Es el resultado del trabajo duro, la innovación continua y una estrategia bien ejecutada. Sin embargo, crecer de forma sostenible y escalable requiere una planificación cuidadosa, recursos adecuados y la capacidad de adaptarse a los cambios del mercado. Este capítulo explora estrategias clave para planificar la expansión de su negocio y escalar sus operaciones de manera efectiva.

EVALUACIÓN DE LA PREPARACIÓN PARA LA EXPANSIÓN

Antes de embarcarse en una estrategia de expansión, es fundamental evaluar si su negocio está realmente preparado para crecer. Esto incluye tener una base sólida de clientes leales, procesos operativos eficientes y un equipo capaz de manejar una mayor demanda. Además, la salud financiera de su empresa debe ser lo suficientemente sólida como para respaldar la inversión necesaria para la expansión.

DEFINIR OBJETIVOS CLAROS DE EXPANSIÓN

Identifica lo que quieres lograr con la expansión. Esto puede ir desde ingresar a nuevos mercados geográficos, diversificar la línea de productos o servicios, hasta aumentar la capacidad de producción. Establecer objetivos claros y mensurables le ayuda a centrar sus esfuerzos y recursos donde puedan tener el mayor impacto.

EXPLORANDO ESTRATEGIAS DE EXPANSIÓN

- **Expansión geográfica:** Entrar en nuevos mercados puede ofrecer importantes oportunidades de crecimiento. Realice una investigación de mercado detallada para comprender las necesidades y preferencias locales y ajuste su oferta de productos o servicios según sea necesario.

- **Diversificación de productos/servicios:** el desarrollo de nuevos productos o servicios que complementen su oferta existente puede abrir nuevas fuentes de ingresos y fortalecer su posición en el mercado.

- **Asociaciones y alianzas estratégicas:** colaborar con otras empresas puede facilitar la entrada a nuevos mercados, ampliar su base de clientes y mejorar la eficiencia operativa.

- **Franquicias y licencias:** para algunas empresas, ofrecer franquicias o licenciar su marca y modelo de negocio a terceros puede ser una forma eficaz de expandirse con una inversión relativamente menor.

GARANTIZAR LA ESCALABILIDAD

A medida que su negocio crece, es vital que sus operaciones puedan escalar de manera eficiente. Esto puede requerir automatizar procesos, invertir en tecnología o contratar más empleados. Planifique con anticipación para garantizar que se mantenga la calidad de su producto o servicio, incluso cuando aumenta la demanda.

SEGUIMIENTO DEL PROGRESO Y ADAPTACIÓN

Siga de cerca el progreso de su estrategia de expansión a través de métricas clave de rendimiento (KPI) y esté preparado para ajustar su plan según sea necesario. El entorno empresarial es dinámico y la capacidad de adaptarse rápidamente puede ser decisiva para el éxito de la expansión.

Habiendo establecido un plan sólido para expandir y escalar su negocio, el siguiente paso es asegurarse de que pueda medir ese éxito de manera efectiva. En el próximo capítulo, cubriremos la "evaluación del desempeño y las métricas de éxito", centrándonos en cómo definir, monitorear e interpretar los indicadores clave que guiarán su negocio hacia sus objetivos a largo plazo.

Expandir un negocio es un viaje apasionante, lleno de oportunidades y desafíos. Con una planificación adecuada, un equipo dedicado y una estrategia enfocada, puede aumentar significativamente las posibilidades de que su expansión sea exitosa. Avancemos ahora, equipados para evaluar nuestro progreso y ajustar nuestro rumbo mientras navegamos por el futuro en constante evolución del espíritu empresarial.

EVALUACIÓN DEL DESEMPEÑO Y MÉTRICAS DE ÉXITO

A medida que su negocio crece y evoluciona, una comprensión clara de su desempeño se vuelve esencial para un éxito continuo. Este capítulo se centra en la importancia de establecer y monitorear métricas de éxito, lo que le permitirá evaluar la efectividad de sus estrategias, tomar decisiones informadas y ajustar su rumbo según sea necesario para lograr sus objetivos a largo plazo.

DEFINICIÓN DE MÉTRICAS DE ÉXITO RELEVANTES

El primer paso para una medición eficaz del desempeño es identificar qué métricas de éxito son más relevantes para su negocio. Estas métricas pueden variar significativamente según la industria, el modelo de negocio y los objetivos específicos de su empresa. Algunas métricas comunes incluyen ingresos, rentabilidad, satisfacción del cliente, retención de clientes y eficiencia operativa. Elija indicadores que reflejen directamente el progreso hacia sus objetivos estratégicos.

IMPLEMENTACIÓN DE SISTEMAS DE MONITOREO

Una vez definidas las métricas, el siguiente paso es implementar sistemas para monitorear estos indicadores de manera consistente. Esto puede implicar el uso de software de análisis de datos, herramientas CRM (Cliente Gestión de relaciones) y otros sistemas de tecnología de la información que recopilan y analizan datos automáticamente. Asegúrese de que la recopilación de datos sea precisa y confiable para informar adecuadamente las decisiones comerciales.

ANÁLISIS E INTERPRETACIÓN DE DATOS

La recopilación de datos es sólo la primera parte del proceso; El análisis e interpretación de estos datos es lo que realmente le permite comprender cómo se está desempeñando su negocio. Aprenda a leer tendencias en datos, identificar patrones y extraer información útil. Esto puede revelar áreas de éxito, así como oportunidades de mejora y ajustes necesarios a sus estrategias.

RETROALIMENTACIÓN Y AJUSTES CONSTANTES

La evaluación del desempeño no es un evento único, sino un proceso continuo. Utilice métricas de éxito para proporcionar comentarios periódicos a su equipo, celebrar los logros y discutir áreas de mejora. Esté preparado para realizar ajustes en sus estrategias y operaciones en función de los conocimientos adquiridos a partir de sus métricas de éxito. La capacidad de adaptarse rápidamente basándose en comentarios reales es crucial en un entorno empresarial dinámico.

Ahora que ha establecido un sistema sólido para evaluar el desempeño y monitorear el éxito de su negocio, el siguiente paso es maximizar sus oportunidades de networking. En el próximo capítulo, exploraremos las "redes efectivas", brindando estrategias para construir y fomentar relaciones profesionales que pueden abrir nuevas puertas y acelerar el crecimiento de su negocio.

Evaluar el desempeño y comprender las métricas de éxito son prácticas esenciales que informan la dirección estratégica de su negocio. Proporcionan una base sólida para tomar decisiones informadas, garantizando que su empresa no sólo logre sus objetivos, sino que los supere. Sigamos adelante ahora, dispuestos a ampliar nuestra red de contactos y explorar las nuevas oportunidades que nos esperan.

REDES EFICACES

La creación de redes efectivas es un arte y una ciencia que puede abrir nuevas puertas para su negocio, creando oportunidades de asociación, ventas, tutoría y mucho más. Este capítulo ofrece orientación sobre cómo construir y cultivar una red profesional valiosa, enfatizando la calidad de las conexiones, la reciprocidad y la construcción de relaciones genuinas.

ENTENDIENDO EL VALOR DE LAS REDES

La creación de redes va más allá del simple intercambio de tarjetas de presentación o de agregar contenido en LinkedIn. Se trata de establecer conexiones significativas que puedan generar beneficios mutuos a largo plazo. Una red sólida puede brindar acceso a experiencia, conocimientos del mercado, recursos, soporte y oportunidades de crecimiento.

ESTRATEGIAS PARA UNA RED EFECTIVA

- **Sé auténtico:** La autenticidad es fundamental. Muestre un interés genuino en las personas que conozca escuchando activamente y participando en conversaciones significativas.

- **Valor de la oferta:** El networking es una vía de doble sentido. Piensa en cómo puedes ayudar a otros, ya sea ofreciendo tu experiencia, compartiendo recursos o conectando personas.

- **Prepare un discurso de ascensor:** prepare un breve discurso sobre usted y su negocio, destacando lo que lo hace único y cómo puede ser un recurso valioso para los demás.

- **Utilice las redes sociales a su favor:** plataformas como LinkedIn son herramientas poderosas para establecer contactos. Publique contenido relevante, participe en debates y mantenga su perfil actualizado y profesional.

- **Asista a eventos de networking:** conferencias, talleres y eventos de la industria son grandes oportunidades para conocer personas con intereses y objetivos similares. Virtualmente o en persona, estos eventos pueden ser valiosos para ampliar su red.

CONTACTO MANTENIMIENTO

- **Seguimiento :** después de conocer a alguien nuevo, haga un seguimiento con un mensaje o correo electrónico, reiterando cuánto apreció la conversación y expresando interés en mantenerse en contacto.

- **Manténgase presente:** manténgase en contacto regular con su red, compartiendo actualizaciones, preguntando sobre sus proyectos y ofreciendo ayuda cuando sea apropiado.

- **Da gracias:** Agradece siempre cualquier ayuda, consejo o recurso que recibas. Un simple agradecimiento puede ser de gran ayuda para fortalecer una relación.

Con un enfoque estratégico para establecer contactos y construir una red sólida, estará bien posicionado para afrontar el futuro con confianza. En el próximo capítulo, nos centraremos en "innovación y preparación para el futuro", explorando cómo puede anticipar tendencias e innovar dentro de su negocio para mantenerse a la vanguardia en un mercado en constante cambio.

La creación de redes efectivas es una habilidad esencial en la caja de herramientas de un emprendedor. Al desarrollar y fomentar relaciones profesionales, crea una base sólida para el éxito y la longevidad de su negocio. Avancemos ahora, preparados para abrazar el futuro con una red sólida y una mentalidad centrada en la innovación.

PREPARACIÓN PARA EL FUTURO Y LA INNOVACIÓN

En un mundo empresarial que cambia rápidamente, estar preparado para el futuro y priorizar la innovación son aspectos cruciales para mantener su negocio relevante y competitivo. Este capítulo explora cómo anticipar las tendencias del mercado, adaptarse al cambio e innovar continuamente para garantizar que su negocio no sólo sobreviva, sino que prospere en la dinámica del futuro.

ANTICIPAR LAS TENDENCIAS DEL MERCADO

Mantenerse actualizado con las últimas tendencias de la industria es clave para anticipar cambios e identificar oportunidades emergentes. Esto se puede lograr mediante:

- **Investigación continua:** Hacer de la investigación de mercados una actividad continua. Utilice informes de la industria, publicaciones comerciales y opiniones de analistas para mantenerse informado.

- **Participación comunitaria:** participar activamente en foros, conferencias y talleres de la industria. Escuchar e intercambiar ideas con colegas puede ofrecer información valiosa sobre hacia dónde se mueve el mercado.

- **Seguimiento de la competencia:** observe las innovaciones y estrategias de sus competidores. Esto no sólo proporciona información sobre el mercado, sino también inspiración para diferenciar su oferta.

ADAPTACIÓN A LOS CAMBIOS

La flexibilidad y la adaptabilidad son esenciales para navegar los constantes cambios del mercado. Algunas estrategias incluyen:

- **Cultura de la agilidad:** Promover una cultura que valore la agilidad y la capacidad de responder rápidamente a los cambios. Esto involucra todo, desde la estructura organizacional hasta los procesos operativos.

- **Comentarios continuos:** mantenga líneas abiertas de

comunicación con los clientes y el personal para obtener comentarios en tiempo real. Esto permite realizar ajustes rápidos a productos, servicios o estrategias.

- **Planificación de escenarios:** Desarrollar planes para diversos escenarios futuros, considerando diferentes posibilidades de mercado. Esto prepara a su empresa para responder eficazmente ante cualquier situación.

INNOVANDO CONTINUAMENTE

La innovación no debe verse como un proyecto único, sino como un componente integrado de su estrategia empresarial. Para fomentar la innovación continua:

- **Fomentar ideas:** Crear un ambiente donde todos en la empresa se sientan cómodos proponiendo nuevas ideas. Esto podría implicar sesiones periódicas de lluvia de ideas, buzones de sugerencias o programas de innovación internos.

- **Probar y aprender:** implementar un enfoque de prueba y aprendizaje para explorar nuevas ideas. Los prototipos rápidos y los pilotos de productos/servicios le permiten probar conceptos en el mercado real con un riesgo mínimo.

- **Colaboración externa:** considere asociaciones con startups, universidades o institutos de investigación. Estas colaboraciones pueden aportar nuevas perspectivas y acceso a tecnologías innovadoras.

Con una estrategia proactiva para predecir el futuro e innovar constantemente en la práctica, el siguiente paso es fortalecer la resiliencia de su negocio. En el próximo capítulo, "resiliencia empresarial", nos centraremos en desarrollar la capacidad de recuperarse de los reveses, mantenerse motivado y persistir frente a los desafíos, asegurando la sostenibilidad a largo plazo de su empresa.

La preparación para el futuro y la innovación son esenciales para navegar con éxito las olas de cambio que caracterizan el entorno empresarial moderno. Al adoptar un enfoque proactivo y cultivar una cultura de innovación, coloca a su empresa en una posición sólida para capitalizar oportunidades futuras y enfrentar desafíos con confianza. Avancemos ahora, preparados para construir una base de resiliencia que sostenga nuestro éxito continuo.

RESILIENCIA EMPRESARIAL

La resiliencia es la capacidad de recuperarse rápidamente de las dificultades; para los emprendedores, es una cualidad indispensable. Este capítulo cubre cómo desarrollar la resiliencia empresarial, permitiéndole a usted y a su empresa superar los reveses, adaptarse a cambios inesperados y mantenerse motivado frente a los desafíos.

ENTENDIENDO LA RESILIENCIA EMPRESARIAL

La resiliencia empresarial no se trata sólo de capear las tormentas, sino también de crecer a partir de ellas. Implica la capacidad de mantener una perspectiva positiva, aprender de los fracasos y utilizar experiencias desafiantes como trampolines hacia nuevas oportunidades.

ESTRATEGIAS PARA FOMENTAR LA RESILIENCIA

- **Cultivar una mentalidad positiva:** ver los desafíos como oportunidades de aprendizaje y crecimiento. Una actitud positiva le ayuda a afrontar tiempos difíciles y a ver más allá de los reveses inmediatos.

- **Establecer una red de apoyo:** Mantener relaciones cercanas con mentores, compañeros emprendedores y un equipo de confianza. Una sólida red de apoyo brinda valiosos consejos, aliento y perspectivas externas en momentos críticos.

- **Adopte la flexibilidad:** esté abierto al cambio y dispuesto a ajustar sus estrategias según sea necesario. La flexibilidad le permite adaptarse rápidamente a nueva información o circunstancias.

- **Desarrollar habilidades para la resolución de problemas:** perfeccione su capacidad para identificar problemas, generar soluciones creativas y tomar decisiones informadas bajo presión.

- **Mantente enfocado en tus objetivos a largo plazo:** Incluso ante los contratiempos, mantén claros tus objetivos a largo plazo. Esto proporciona un sentido de dirección y ayuda a mantener la motivación.

EL CUIDADO PERSONAL COMO BASE DE LA RESILIENCIA

- **Prioriza tu salud física y mental:** El autocuidado es crucial para la resiliencia. Esto incluye comer sano, hacer ejercicio con regularidad, descansar lo suficiente y practicar la atención plena o la meditación.

- **Establecer límites:** aprender a decir no y establecer límites saludables entre el trabajo y la vida personal. Esto ayuda a prevenir el agotamiento y garantiza que tenga tiempo para recargar energías.

- **Buscar ayuda cuando sea necesario:** Reconocer cuando se necesita ayuda y buscar apoyo profesional es una señal de fortaleza. Ya sea por desafíos comerciales o problemas personales, buscar orientación puede brindar nuevas soluciones y alivio en momentos de estrés.

Al cerrar este capítulo, estamos preparados para revisar las lecciones aprendidas y aplicarlas a nuestro propio viaje empresarial. En el capítulo final, "Empoderarte para el éxito empresarial", reflexionaremos sobre las ideas clave de este libro y cómo puedes aplicar estos principios para convertir tu visión empresarial en realidad.

Cada historia de éxito es un testimonio del poder del espíritu emprendedor, la importancia de nunca darse por vencido ante los desafíos y la capacidad de transformar los fracasos en bases para el futuro. Avancemos ahora, inspirados y equipados con el conocimiento para forjar nuestro propio camino hacia el éxito.

EMPODERARSE PARA EL ÉXITO EMPRESARIAL

A lo largo de este libro, exploramos muchas facetas del viaje empresarial, desde la construcción de una base sólida hasta la superación de desafíos y la exploración de nuevas fronteras para el crecimiento y la innovación. Este capítulo final es una invitación a reflexionar sobre las lecciones aprendidas y considerar cómo aplicar estos conocimientos para convertir su visión empresarial en una realidad tangible y exitosa.

REFLEXIÓN SOBRE EL CAMINO

Cada capítulo de este libro ofrece estrategias, consejos e historias inspiradoras diseñadas para guiarlo, inspirarlo y prepararlo para los desafíos y oportunidades del emprendimiento. Revisar estas lecciones periódicamente puede ayudarle a mantenerse concentrado, adaptarse a nuevas circunstancias y seguir creciendo tanto personal como profesionalmente.

APLICAR LAS LECCIONES APRENDIDAS

- **Construir sobre una base sólida:** Recuerde la importancia de establecer una misión, visión y valores claros que guíen todas sus decisiones comerciales.

- **Conozca su mercado:** Manténgase informado sobre las tendencias de la industria y las necesidades de sus clientes para ofrecer soluciones relevantes e innovadoras.

- **Esté preparado para adaptarse e innovar:** El mundo empresarial cambia constantemente. Cultivar la flexibilidad y una mentalidad de crecimiento para explorar nuevas oportunidades.

- **Invierta en relaciones:** construya una sólida red de contactos y mantenga un equipo comprometido. Las personas son la clave del éxito de su negocio.

- **Prioriza el bienestar:** Tanto el bienestar propio como el de tu equipo son fundamentales para mantener la productividad y la motivación a largo plazo.

MANTENER LA MOTIVACIÓN Y EL ENFOQUE

El camino hacia el éxito empresarial está lleno de altibajos. Mantener la motivación y la concentración ante la adversidad es crucial. Celebre las pequeñas victorias, aprenda de los fracasos y tenga siempre presente su visión final.

MIRANDO HACIA EL FUTURO

El final de este libro marca sólo el comienzo de su viaje empresarial. Enfrente el futuro con confianza, armado con el conocimiento, las habilidades y la determinación para superar los desafíos y alcanzar sus objetivos. Recuerda que el éxito no es un destino, sino un viaje de constante aprendizaje, adaptación y crecimiento.

" **Superpoderes para emprendedores: estrategias para superar el primer año y despegar** " está diseñado como una guía para recorrer el viaje empresarial con sabiduría, eficacia y valentía. Las estrategias y lecciones que se comparten aquí están diseñadas para capacitarlo para convertir sus ideas en acciones, sus acciones en resultados y sus resultados en un legado duradero. Avanza con pasión, perseverancia y un compromiso inquebrantable con tus sueños. El mundo espera la huella única que sólo tú puedes dejar.

CONTINUANDO SU VIAJE

Aquí hay algunos pasos que puede seguir para continuar su viaje:

- **Reflexiona sobre tu aprendizaje:** Tómate el tiempo para reflexionar sobre los conceptos, estrategias e historias compartidas en este libro. ¿Qué lecciones resonaron más contigo? ¿Cómo puedes aplicarlos a tu negocio?

- **Plan de acción:** A partir de tu reflexión, desarrolla un plan de acción detallado para aplicar estos aprendizajes. Establezca objetivos claros, pasos específicos y plazos para implementar las estrategias que parezcan más prometedoras para su negocio.

- **Buscar comunidad:** el emprendimiento puede ser un viaje solitario, pero no tiene por qué serlo. Busque comunidades de emprendedores, ya sea en línea o localmente. Estas redes pueden ofrecer apoyo, recursos y oportunidades de colaboración.

- **Compromiso de crecimiento continuo:** El aprendizaje nunca termina. Comprometerse a un crecimiento continuo, tanto personal como profesional. Continúe buscando conocimiento, desafiándose y adaptándose a los cambios del mercado.

- **Comparte tu historia:** a medida que avances, comparte tu propio viaje. Tus experiencias pueden inspirar y guiar a otros emprendedores que recién comienzan. Considere escribir blogs, hablar en eventos o incluso asesorar a otros emprendedores.

Cada emprendedor sigue un camino único, lleno de victorias, desafíos y aprendizajes propios. El verdadero éxito no proviene sólo de los resultados obtenidos, sino también del crecimiento experimentado a lo largo del camino y del impacto positivo que su negocio tiene en los demás y en el mundo.

Que este libro sea un faro en su viaje empresarial, iluminando el camino a seguir con esperanza, inspiración y orientación práctica. Recuerde: el futuro es brillante para quienes se atreven a soñar en grande, trabajar duro y permanecer resilientes ante la adversidad.

Avanza con confianza, creatividad y coraje. El próximo capítulo es tuyo para escribir y el mundo está esperando ver lo que creas.

¡Buena suerte!

Al pasar juntos la página final de este viaje, espero sinceramente que los aprendizajes compartidos aquí hayan tocado su corazón y hayan generado nuevas perspectivas. Si este libro le ha aportado algún valor, le pido que se tome unos minutos para dejar una reseña en Amazon. Tus palabras no sólo me ayudan a crecer y perfeccionar mi oficio, sino que también guían a otros lectores en su búsqueda de conocimiento e inspiración. Tu opinión es un regalo valioso, tanto para mí como para la comunidad de lectores que buscan historias que transformen. Sinceramente les agradezco por compartir este viaje conmigo y espero que podamos volver a encontrarnos en las páginas de una nueva aventura.

REGINALDO OSNILDO

Hola, soy Reginaldo Osnildo, autor e innovador en las áreas de ventas, tecnología y estrategias de comunicación. Mi experiencia abarca desde el ámbito académico, como profesor e investigador de la Universidad del Sur de Santa Catarina, hasta ejercer como estratega en el Grupo Catarinense de Rádios. Con un doctorado en narrativas de ventas y convergencia digital, y una maestría en narración de historias e imaginario social, ofrezco a mis lectores una fusión única de teoría y práctica. Mi objetivo es aportar conocimientos en un lenguaje sencillo, práctico y didáctico, fomentando su aplicación directa en la vida personal y profesional.

Tuyo sinceramente

Reginaldo Osnildo

+55 48 991913865

reginaldoosnildo@gmail.com

www.ingramcontent.com/pod-product-compliance
Lightning Source LLC
Chambersburg PA
CBHW050232230526
45470CB00005B/1919